바로 이것이

영어 따라쓰기

Trace & Write Alphabet

바로 이것이 영어 따라 쓰기

초판 1쇄 발행	2020년 11월 20일		
저자	어학세계사 편집부		
발행처	**어학세계사**		
발행인	강신갑		
등록번호	105-91-62861	등록일자	2011년 7월 10일
주소	서울시 마포구 포은로2나길 31 벨라비스타 208호		
전화	02.406.0047	팩스	02.406.0042
이메일	languageworld@naver.com		
MP3 다운로드	blog.naver.com/languageworld		
ISBN	979-11-971779-2-7 (13740)		
값	6,500원		

ⓒ어학세계사, 2020

영어 실력을 키워 주는 바로 이것이 영어 따라쓰기

바로 이것이
영어 따라 쓰기

Trace & Write Alphabet

어학세계사

영어 따라쓰기 마스터 3단계에 따라
알파벳과 기초 영단어를
따라쓰고, 복습하며 익힙니다.

1
단계

알파벳 따라쓰기

2
단계

단어 따라쓰기

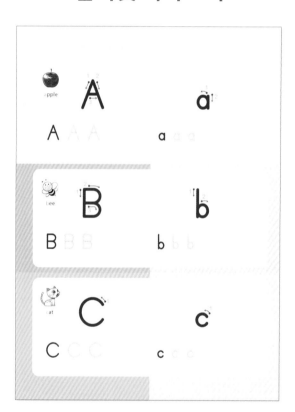

#Trace & Write Alphabet

A부터 Z까지 26개의 알파벳 대문자와 소문자를
순서에 맞게 따라쓰며 기초를 다집니다.

#Trace & Write Words

알파벳과 영단어를 여러 번 반복해서
따라쓰는 연습을 하여 학습 효과를 높입니다.

3
단계

복습하기

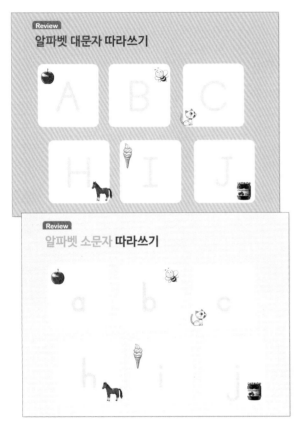

#Review

앞에서 배운 알파벳과 영단어를 따라쓰며 복습하고 실력을 확인합니다.

#MP3 다운로드

원어민 전문 성우의 음성을
자주 듣고 그대로 따라 하세요.

blog.naver.com/**languageworld**

알파벳

Alphabet

 A

 B

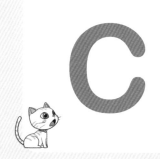 C

H

 I

J

 N

O

P

T

 U

V

D E F G

K L M

Q R S

W X Y Z

Contents
차례

Part
1

알파벳 따라쓰기

apple

A A A

a a a

bee

B B B

b b b

cat

C C C

c c c

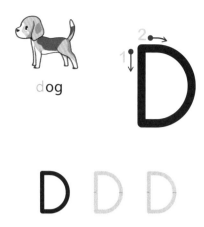

dog

D D D D

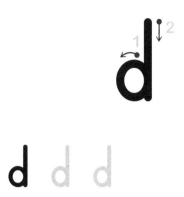

d d d d

elephant

E E E E

e e e e

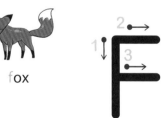

fox

F F F F

f f f f

giraffe

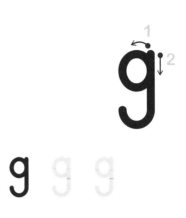

G G G

g g g

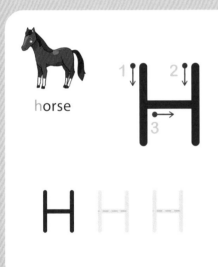

horse

H H H

h h h

ice cream

I I I

i i i

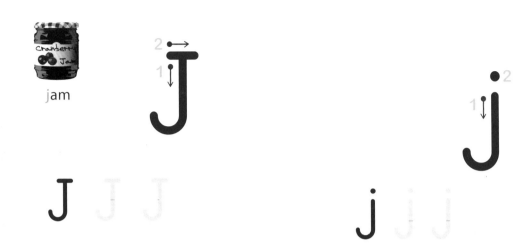

jam

J J J

j j j

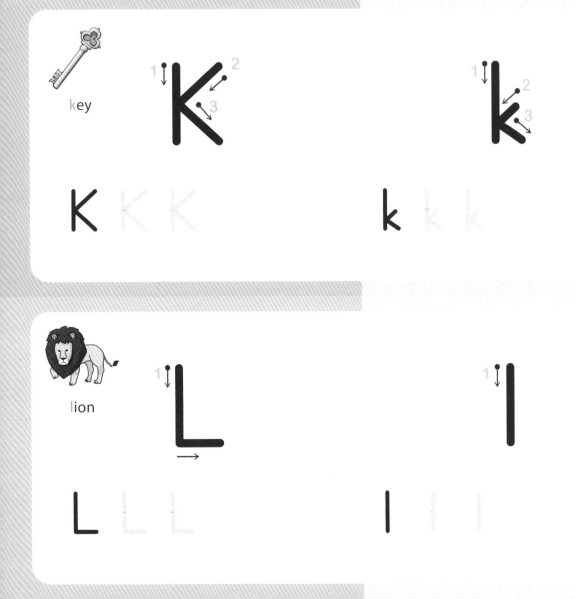

key

K K K

k k k

lion

L L L

l l l

monkey

M M M

m m m

nut

N N N

n n n

owl

O

O O O

o o o

pig

P

P P P

p

p p p

queen

Q

Q Q Q

q

q q q

rabbit

R

R R R

r

r r r

snail

S S S S

s s s s

tiger

T T T T

t t t t

umbrella

U U U U

u u u u

violin

V V V V   v v v

whale

W W W W   w w w

xylophone

X X X X   x x x

yacht

Y Y Y Y

y y y y

zebra

Z Z Z Z

z z z z

Part
2

단어 따라쓰기
Trace & Write Words

A a

대문자 A, 소문자 a는 에이라고 읽습니다.
단어에서는 우리말 [애]와 비슷하게 소리 납니다.

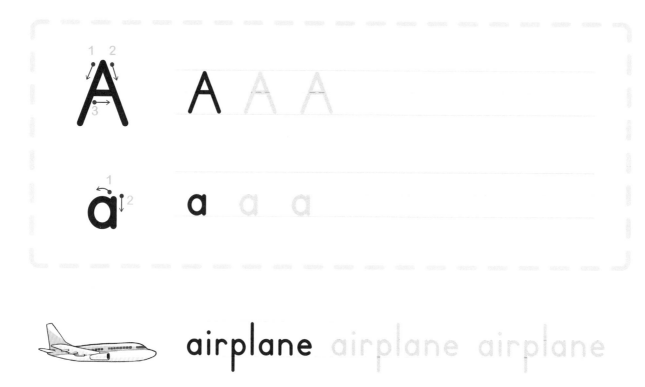

A   A   A   A

a   a   a

airplane   airplane   airplane

airplane
비행기

alligator   alligator   alligator

alligator
악어

angel   angel   angel

angel
천사

animal animal animal

animal
동물

answer answer answer

answer
대답

ant ant ant

ant
개미

apple apple apple

apple
사과

autumn autumn autumn

autumn
가을

B b

대문자 B, 소문자 b는 비-라고 읽습니다.
단어에서는 우리말 [ㅂ]과 비슷하게 브 소리 납니다.

02

baby   baby   baby

baby
아기

ball   ball   ball

ball
공

balloon   balloon   balloon

balloon
풍선, 열기구

banana
banana
바나나

bear
bear
곰

bee
bee
벌

bird
bird
새

book
book
책

C c

대문자 C, 소문자 c는 씨-라고 읽습니다.
단어에서는 우리말 [ㅋ]과 비슷하게 크 소리 납니다.

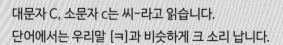 03

C C C C

c c c c

cake   cake   cake

cake
케이크

candy   candy   candy

candy
사탕

cap   cap   cap

cap
모자

carrot   carrot   carrot

carrot
당근

cat   cat   cat

cat
고양이

clock   clock   clock

clock
자명종, 시계

cloud   cloud   cloud

cloud
구름

cow   cow   cow

cow
소

D d

대문자 D, 소문자 d는 디-라고 읽습니다.
단어에서는 우리말 [ㄷ]과 비슷하게 드 소리 납니다.

D D D D

d d d d

desk   desk   desk

desk
책상

doctor   doctor   doctor

doctor
의사

dog   dog   dog

dog
개

doll
doll doll doll
인형

door
door door door
문

dice
dice dice dice
주사위

dish
dish dish dish
접시

duck
duck duck duck
오리

E e

대문자 E, 소문자 e는 이-라고 읽습니다.
단어에서는 우리말 [이], [에] 또는 [아]와 비슷하게 소리 납니다.

E E E E

e e e e

ear   ear   ear

ear
귀

egg   egg   egg

egg
달걀

eggplant   eggplant   eggplant

eggplant
가지

eight eight eight

eight
여덟, 8

elbow elbow elbow

elbow
팔꿈치

elephant elephant elephant

elephant
코끼리

elevator elevator elevator

elevator
엘리베이터

eye eye eye

eye
눈

F f

대문자 F, 소문자 f는 에프라고 읽습니다.
단어에서는 우리말 [ㅍ]과 비슷하게 프 소리 나는데,
윗니를 아랫입술에 살짝 대고 공기를 밖으로 내뱉듯 발음합니다.

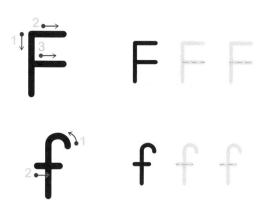

F F F F

f f f f

fan   fan   fan

fan
선풍기

fire   fire   fire

fire
불

fish   fish   fish

fish
물고기

flower   flower   flower

flower
꽃

food   food   food

food
음식

foot   foot   foot

foot
발

fox   fox   fox

fox
여우

frog   frog   frog

frog
개구리

G g

대문자 G, 소문자 g는 쥐-라고 읽습니다.
단어에서는 우리말 [ㄱ]과 비슷하게 그 소리 납니다.

G G G G

g g g g

gift   gift   gift

gift
선물

giraffe   giraffe   giraffe

giraffe
기린

girl   girl   girl

girl
소녀

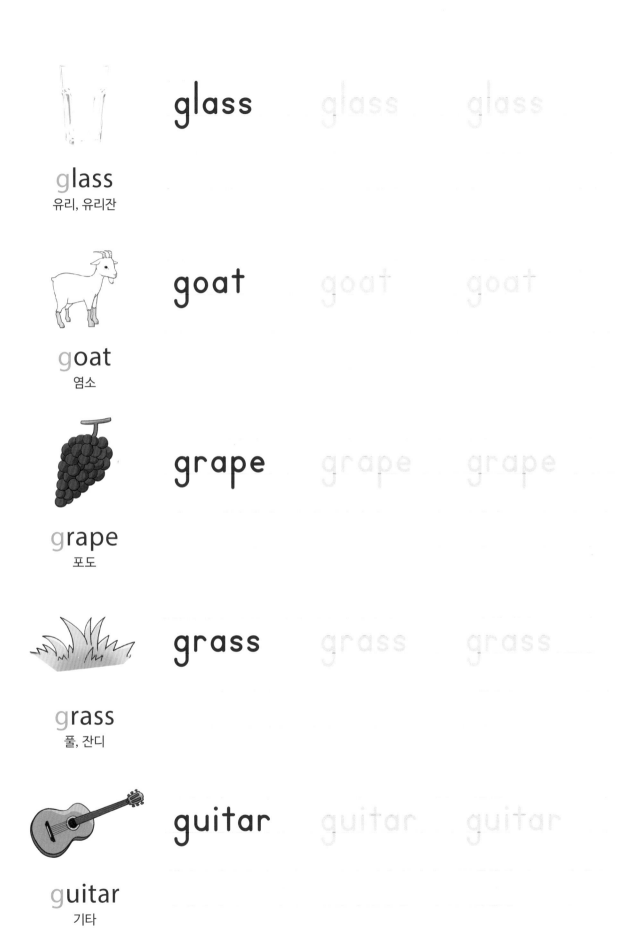

glass

glass
유리, 유리잔

goat

goat
염소

grape

grape
포도

grass

grass
풀, 잔디

guitar

guitar
기타

H h

대문자 H, 소문자 h는 에이취라고 읽습니다.
단어에서는 우리말 [ㅎ]과 비슷하게 흐 소리 납니다.

H H H H

h h h h

hand   hand   hand

hand
손

hat   hat   hat

hat
모자

head   head   head

head
머리

hen   hen   hen

hen
암탉

hill   hill   hill

hill
언덕

hippo   hippo   hippo

hippo
하마

horse   horse   horse

horse
말

house   house   house

house
집

I i

대문자 I, 소문자 i는 아이라고 읽습니다.
단어에서는 우리말 [이], [아이]와 비슷하게 소리 납니다.

"> 09

I　I　I

i　i　i

ice cream　　ice cream

ice cream
아이스크림

idea　　idea　　idea

idea
생각

igloo　　igloo　　igloo

igloo
이글루

iguana   iguana   iguana

iguana
이구아나

ink   ink   ink

ink
잉크

insect   insect   insect

insect
곤충

invite   invite   invite

invite
초대하다

iron   iron   iron

iron
다리미

J j

대문자 J, 소문자 j 는 제이라고 읽습니다.
단어에서는 우리말 [ㅈ]과 비슷하게 즈 소리 납니다.

J   J   J   J

j   j   j   j

jacket   jacket   jacket

jacket
재킷, 상의

jam   jam   jam

jam
잼

jar   jar   jar

jar
병, 항아리

jeans

jeans jeans

jeans
청바지

jet

jet jet

jet
제트기

jogging

jogging jogging

jogging
조깅, 달리기

joy

joy joy

joy
기쁨

juice

juice juice

juice
주스

K k

대문자 K, 소문자 k는 케이라고 읽습니다.
단어에서는 우리말 [ㅋ]과 비슷하게 크 소리 납니다.

K K K K

k k k k

kettle   kettle   kettle

kettle
주전자

key   key   key

key
열쇠

kid   kid   kid

kid
아이

kind   kind   kind

kind
친절한

king   king   king

king
왕

kitchen   kitchen   kitchen

kitchen
부엌

kite   kite   kite

kite
연

kiwi   kiwi   kiwi

kiwi
키위

L l

대문자 L, 소문자 l 는 엘이라고 읽습니다.
단어에서는 우리말 [ㄹ]과 비슷하게 르 소리 납니다.

L L L L

l l l l

ladybug ladybug ladybug

ladybug
무당벌레

lake lake lake

lake
호수

lamp lamp lamp

lamp
등

leaf   leaf   leaf

leaf
잎

lemon   lemon   lemon

lemon
레몬

lily   lily   lily

lily
백합

lion   lion   lion

lion
사자

lip   lip   lip

lip
입술

M m

대문자 M, 소문자 m은 엠이라고 읽습니다.
단어에서는 우리말 [ㅁ]과 비슷하게 므 소리 납니다.

1 2 3 4

M　M　M　M

1
m　m　m
2 3

mat　　mat　　mat

mat
매트, 깔개

meat　　meat　　meat

meat
고기

melon　　melon　　melon

melon
멜론

milk   milk   milk

m**ilk**
우유

monkey   monkey   monkey

m**onkey**
원숭이

moon   moon   moon

m**oon**
달

mouse   mouse   mouse

m**ouse**
쥐

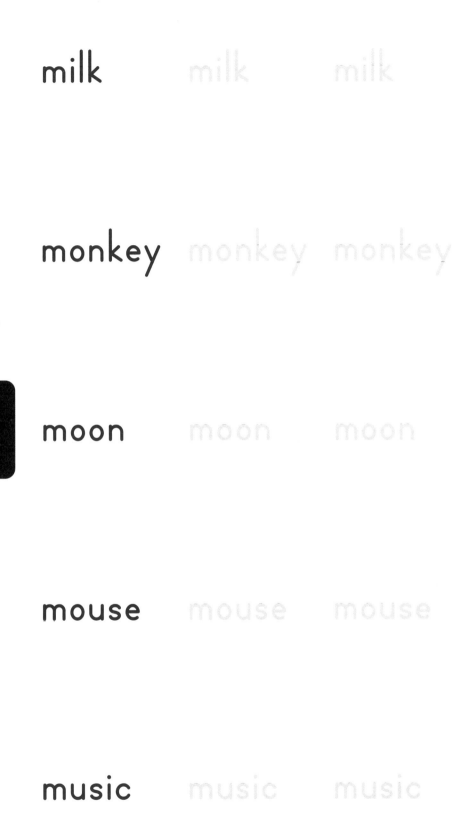

music   music   music

m**usic**
음악

N n

대문자 N, 소문자 n은 엔이라고 읽습니다.
단어에서는 우리말 [ㄴ]과 비슷하게 느 소리 납니다.

N N N N

n n n n

nail   nail   nail

nail
못

neck   neck   neck

neck
목

nest   nest   nest

nest
둥지

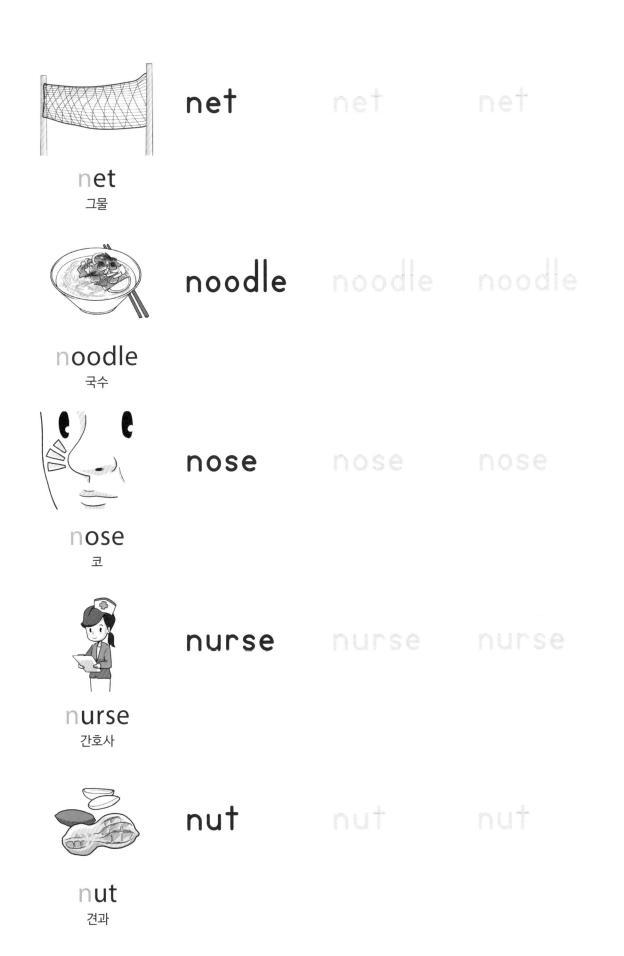

net   net   net

net
그물

noodle   noodle   noodle

noodle
국수

nose   nose   nose

nose
코

nurse   nurse   nurse

nurse
간호사

nut   nut   nut

nut
견과

대문자 O, 소문자 o는 오우라고 읽습니다.
단어에서는 우리말 [아]와 비슷하게 소리 납니다.

O O O O

o o o o

ocean   ocean   ocean

ocean
바다

octopus   octopus octopus

octopus
문어

oil   oil   oil

oil
기름

olive

olive
올리브

onion

onion
양파

orange

orange
오렌지

ostrich

ostrich
타조

owl

owl
부엉이

P p

대문자 P, 소문자 p는 피-라고 읽습니다.
단어에서는 우리말 [ㅍ]과 비슷하게 프 소리 납니다.

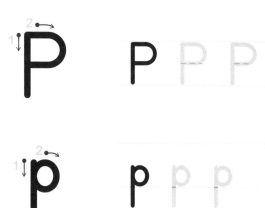

P   P   P   P

p   p   p   p

panda   panda   panda

panda
판다

parrot   parrot   parrot

parrot
앵무새

pencil   pencil   pencil

pencil
연필

penguin penguin penguin

penguin
펭귄

piano piano piano

piano
피아노

pig pig pig

pig
돼지

potato potato potato

potato
감자

pocket pocket pocket

pocket
주머니

Q q

대문자 Q, 소문자 q는 큐-라고 읽습니다.
단어에서는 우리말 [ㅋ]과 비슷하게 크 소리 납니다.

quarter   quarter   quarter

quarter
4분의 1

queen   queen   queen

queen
여왕

quest   quest   quest

quest
탐색

question question question

question
질문

quick quick quick

quick
빠른

quiet quiet quiet

quiet
조용한

quilt quilt quilt

quilt
누비이불

quiz quiz quiz

quiz
퀴즈

 # R r

대문자 R, 소문자 r은 아알이라고 읽습니다.
단어에서는 우리말 [ㄹ]과 비슷하게 르 소리 나는데,
혀를 입천장에 닿지 않게 말아 넣어서 발음합니다.

R   R   R   R

r   r   r   r

rabbit   rabbit   rabbit

rabbit
토끼

rain   rain   rain

rain
비

rainbow   rainbow   rainbow

rainbow
무지개

ribbon   ribbon   ribbon

ribbon
리본

ring   ring   ring

ring
반지

river   river   river

river
강

room   room   room

room
방

ruler   ruler   ruler

ruler
자

S s

대문자 S, 소문자 s는 에스라고 읽습니다.
단어에서는 우리말 [ㅅ]과 비슷하게 스 소리 납니다.

S   S   S   S

s   s   s   s

salt   salt   salt

salt
소금

skate   skate   skate

skate
스케이트

soap   soap   soap

soap
비누

sock   sock   sock

sock
양말

snail   snail   snail

snail
달팽이

spider   spider   spider

spider
거미

squid   squid   squid

squid
오징어

sun   sun   sun

sun
해, 태양

T t

대문자 T, 소문자 t는 티-라고 읽습니다.
단어에서는 우리말 [ㅌ]과 비슷하게 트 소리 납니다.

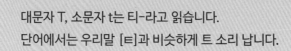

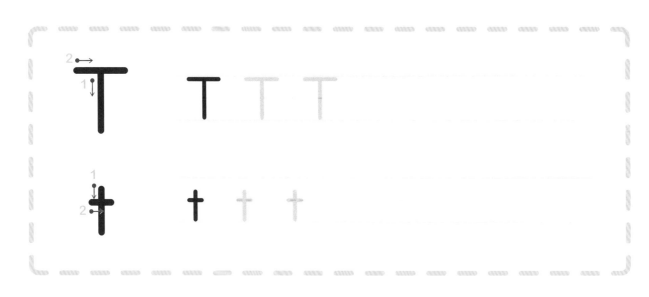

table   table   table

table
탁자

teacher   teacher   teacher

teacher
선생님

tiger   tiger   tiger

tiger
호랑이

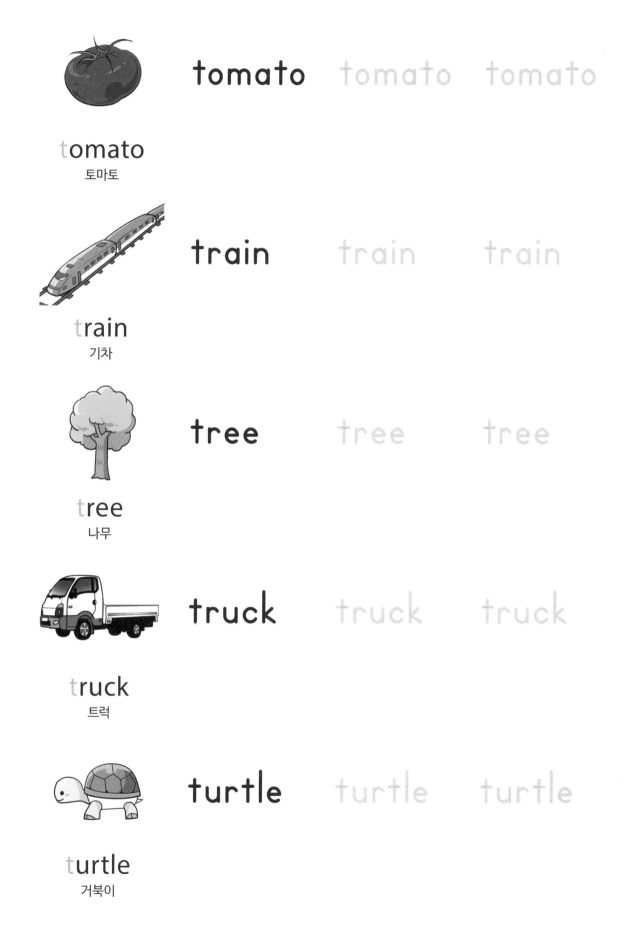

tomato tomato tomato

tomato
토마토

train train train

train
기차

tree tree tree

tree
나무

truck truck truck

truck
트럭

turtle turtle turtle

turtle
거북이

U u

대문자 U, 소문자 u는 유-라고 읽습니다.
단어에서는 우리말 [어], [유]와 비슷하게 소리 납니다.

21

U   U   U   U

u   u   u   u

ugly   ugly   ugly

ugly
못생긴

umbrella   umbrella   umbrella

umbrella
우산

umpire   umpire   umpire

umpire
심판

uncle uncle uncle

uncle

삼촌

under under under

under

~아래

uniform uniform uniform

uniform

제복, 군복

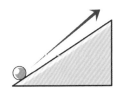

up up up

up

~위로, ~위에

UFO UFO UFO

UFO

미확인비행물체

 # V v

대문자 V, 소문자 v는 비-라고 읽습니다.
단어에서는 우리말 [ㅂ]과 비슷하게 브 소리 나는데,
윗니로 아랫입술을 물었다가 떼면서 발음합니다.

 22

V V V V

v v v v

valley   valley   valley

valley
계곡, 골짜기

van   van   van

van
승합차

vase   vase   vase

vase
꽃병

vehicle vehicle vehicle

vehicle
차량, 탈 것

vest vest vest

vest
조끼

violin violin violin

violin
바이올린

voice voice voice

voice
목소리

volcano volcano volcano

volcano
화산

W w

대문자 W, 소문자 w는 더블유라고 읽습니다.
단어에서는 우리말 [우]와 비슷하게 소리 납니다.

23

W W W W

w w w w

watch   watch   watch

watch
(손목)시계

water   water   water

water
물

whale   whale   whale

whale
고래

wind   wind   wind

wind
바람

window   window   window

window
창

winter   winter   winter

winter
겨울

wolf   wolf   wolf

wolf
늑대

worm   worm   worm

worm
벌레

X x

대문자 X, 소문자 x는 엑스라고 읽습니다.
단어에서는 우리말 [ㅈ]과 비슷하게 즈 소리 나거나
[크쓰]와 비슷하게 소리 납니다.

24

X X X X

x x x x

X-ray

X-ray   X-ray

X-ray
엑스레이

xylophone

xylophone

xylophone
실로폰

box

box   box

box
상자

complex complex complex

comple**x**
복잡한

fox fox fox

fo**x**
여우

mix mix mix

mi**x**
섞다

ox ox ox

o**x**
황소

relax relax relax

rela**x**
휴식을 취하다

Y y

대문자 Y, 소문자 y는 와이라고 읽습니다.
단어에서는 우리말 [이여], [여]와 비슷하게 소리 납니다.

Y Y Y Y

y y y y

yacht yacht yacht

yacht
요트

yawn yawn yawn

yawn
하품

yard yard yard

yard
마당

yarn

yarn
실

yell

yell
소리치다

yellow

yellow
노란색

yo-yo

yo-yo
요요

young

young
젊은

Z z

대문자 Z, 소문자 z는 지-라고 읽습니다.
단어에서는 우리말 [ㅈ]과 비슷하게 즈 소리 납니다.

Z Z Z Z

z z z z

zebra zebra zebra

zebra
얼룩말

zero zero zero

zero
영, 0

Zeus Zeus Zeus

Zeus
제우스

zipper   zipper   zipper

zipper

지퍼

zigzag   zigzag   zigzag

zigzag

지그재그

zone   zone   zone

zone

구역

zoo   zoo   zoo

zoo

동물원

zoom   zoom   zoom

zoom

확대하다

알파벳 대문자 따라쓰기

 A

 B

 C

H

 I

J

 N

O

P

T

 U

V

D E F G

K L M

Q R S

W X Y Z

알파벳 소문자 **따라쓰기**

d　e　f　g

k　l　m

q　r　s

w　x　y　z

 p.20~21  p.22~23

비행기

아기

악어

공

천사

풍선, 열기구

동물

바나나

대답

곰

개미

벌

사과

새

가을

책

케이크

책상

사탕

의사

모자

개

당근

인형

고양이

문

자명종, 시계

주사위

구름

접시

소

오리

귀

달걀

가지

여덟, 8

팔꿈치

코끼리

엘리베이터

눈

선풍기

불

물고기

꽃

음식

발

여우

개구리

선물

기린

소녀

유리, 유리잔

염소

포도

풀, 잔디

기타

손

모자

머리

암탉

언덕

하마

말

집

아이스크림

생각

이글루

이구아나

잉크

곤충

초대하다

다리미

재킷, 상의

잼

병, 항아리

청바지

제트기

조깅, 달리기

기쁨

주스

주전자

무당벌레

열쇠

호수

아이

등

친절한

잎

왕

레몬

부엌

백합

연

사자

키위

입술

매트, 깔개

고기

멜론

우유

원숭이

달

쥐

음악

못

목

둥지

그물

국수

코

간호사

견과

바다

판다

문어

앵무새

기름

연필

올리브

펭귄

양파

피아노

오렌지

돼지

타조

감자

부엉이

주머니

4분의 1

여왕

탐색

질문

빠른

조용한

누비이불

퀴즈

토끼

비

무지개

리본

반지

강

방

자

소금

탁자

스케이트

선생님

비누

호랑이

양말

토마토

달팽이

기차

거미

나무

오징어

트럭

해, 태양

거북이

| U u 21 p.60~61 | V v 22 p.62~63 |

계곡, 골짜기

못생긴

우산

승합차

심판

꽃병

삼촌

차량, 탈 것

~아래

조끼

제복, 군복

바이올린

~위로, ~위에

목소리

미확인비행물체

화산

(손목)시계

엑스레이

물

실로폰

고래

상자

바람

복잡한

창

여우

겨울

섞다

늑대

황소

벌레

휴식을 취하다

요트

하품

마당

실

소리치다

노란색

요요

젊은

얼룩말

영, 0

제우스

지퍼

지그재그

구역

동물원

확대하다